Roman Möhlmann

'Sulla - Bundesgenossenkrieg, Proskription und Diktatur' - Eine Kurzbiographie

GRIN Verlag

Bibliografische Information der Deutschen Nationalbibliothek:

Die Deutsche Bibliothek verzeichnet diese Publikation in der Deutschen National-
bibliografie; detaillierte bibliografische Daten sind im Internet über http://dnb.d-
nb.de/ abrufbar.

Impressum:

Copyright © 2002 GRIN Verlag GmbH
Druck und Bindung: Books on Demand GmbH, Norderstedt Germany
ISBN: 978-3-638-92238-8

Dieses Buch bei GRIN:

http://www.grin.com/de/e-book/65395/sulla-bundesgenossenkrieg-proskription-
und-diktatur-eine-kurzbiographie

GRIN - Your knowledge has value

Der GRIN Verlag publiziert seit 1998 wissenschaftliche Arbeiten von Studenten, Hochschullehrern und anderen Akademikern als eBook und gedrucktes Buch. Die Verlagswebsite www.grin.com ist die ideale Plattform zur Veröffentlichung von Hausarbeiten, Abschlussarbeiten, wissenschaftlichen Aufsätzen, Dissertationen und Fachbüchern.

Besuchen Sie uns im Internet:

http://www.grin.com/

http://www.facebook.com/grincom

http://www.twitter.com/grin_com

Ruhr-Universität-Bochum

Wintersemester 2001 / 02

Fakultät für Geschichtswissenschaft

Integriertes Proseminar „*Politische Partizipation*"

Epoche: Altertum

Hausarbeit / Referatsverschriftlichung von Roman Möhlmann

Thema:

„*Sulla* - Bundesgenossenkrieg, Proskription und Diktatur"

- Eine Kurzbiographie

Inhaltsverzeichnis

1. Einleitung

Lucius Cornelius Sulla, später bekannt als römischer Staatsmann und exzellenter Feldherr, begann seine Karriere im römischen Heer als Quästor, und niemand konnte zu diesem Zeitpunkt ahnen, welch bedeutungsvolle Rolle dieser gebildete, blond-blauäugige und im Umgang mit Menschen äußerst begabte, aber auch skrupellose Mann noch für Rom und die Römer haben sollte[1]. Nach blutigsten bürgerkriegsartigen Umschwüngen erinnerte er sich an das antiquierte Amt des Diktators, doch benutzte er es tatsächlich, um Roms Staatswesen zu reformieren und damit zu retten? Oder ebnete er nur den Weg für eine weitere Ära, in der Feldherren die Herrschaft des Weltreichs an sich reißen konnten? Ich möchte versuchen, dies anhand eines chronologischen Überblicks seines Lebens und seines Wirkens zu analysieren.

2. Sullas frühe „Auftritte"

Geboren wurde Lucius Cornelius Sulla 138 v. Chr.; obwohl Angehöriger des bis dahin kaum hervorgetretenen Geschlechts der Cornelier, wuchs er anfangs unter eher ärmlichen Verhältnissen auf, bis ihm eine Erbschaft großes Vermögen und damit die Möglichkeit zu einer politischen Karriere bescherte.

Das erste bedeutende Ereignis in seiner Karriere war der *Jugurthinische Krieg*, den Rom gegen Numidien führte. Sulla diente seit 107 vor Chr. als Quästor unter Konsul *Marius*, und wahrscheinlich geht der Verrat an *Jugurtha* und dessen Auslieferung maßgeblich auf listige Verhandlungen zurück, die Sulla mit Jugurthas Unterfeldherren und dessen Schwiegervater *Bocchus von Mauretanien* führte. Darauf folgte dann 105 v. Chr. auch Roms Sieg in diesem Krieg. In den Jahren 104 bis 101 v. Chr. kämpfte Sulla, z.T. erneut unter Marius, in den Feldzügen gegen die Germanenstämme. Am Ende dieser Auseinandersetzungen werden die Teutonen, Kimbern und Ambronen vernichtend geschlagen. Im Jahre 97 v. Chr. wurde Sulla Prätor (später Proprätor) der Provinz Cilicien in Kleinasien[2]. Schon hier zeichnet sich langsam ab, dass die „*Partei*" der *Optimaten*, also der Nobilität, ihn mehr und mehr unterstützt, auch als potentiellen „Gegenspieler" Marius´ und damit der *Popularen*.

---

[1] WINKLER, Gerhard, Art. Sulla, in: *Der kleine Pauly*, Sp. 416
[2] Zu Sulla vor 88 v. Chr.: CHRIST, Karl, *Krise und Untergang der römischen Republik*, und WINKLER, Gerhard, Art. Sulla, in: *Der kleine Pauly*, Sp. 416 - 417

3. Sulla im Bundesgenossenkrieg

Von 91 bis 89/88 v. Chr. ereignete sich dann auf italienischem Boden der Bundesgenossenkrieg. Roms Bundesgenossen, die „*Italiker*", vorwiegend die Marser und die Samniten, erhoben sich gegen Roms Vorherrschaft aufgrund ihrer ungerechten Behandlung; Konfliktpotential hatte der Streit um die Vergabe des römischen Bürgerrechts an die Bundesgenossen schon immer[3]; das „Faß zum überlaufen" brachten sicherlich die Ermordungen von Politikern und Volkstribunen, die sich für die Sache der Bundesgenossen engagiert hatten. Der Aufstand begann mit der Ermordung vieler römischer Bürger, danach konnten die Bundesgenossen zwar noch einige Siege erringen, faktisch behielt Rom aber immer die Oberhand. Sulla schlug dann 89 v. Chr. die Aufständischen entscheidend, die dennoch durch die von hier an in Gang gesetzte teilweise Vergabe des römischen Bürgerrechts an sie einen moralischen Sieg erringen konnten. Ein Jahr darauf, 88 v. Chr., wurde Sulla dann Konsul.

4. Roms neuer Feind im Osten

Unterdessen erwuchs Rom in Kleinasien an der Schwarzmeerküste ein neuer Gegner: *Mithridates VI. von Pontos*, genannt „*Eupator*" (= „als guter Vater"), der sich selbst als Herrscher, König und Feldherr in hellenistischer Tradition sah[4]. Sein „*Pontisches Reich*" war stabil, ausgedehnt, gerüstet, und, wohl aufgrund fehlender direkter Herrschaftsinteressen und der innenpolitischen Verwicklungen, von Rom zu lange ignoriert worden. 89 eroberte Mithridates fast ganz Kleinasien und ließ 88, im Jahr, als Sulla zum Konsul gewählt wurde, im Zuge seiner antirömischen Propaganda 80000 Römer und Italiker in Ephesos abschlachten. Erst jetzt erwachte Rom.

---

[3] MEDICUS, Dieter, Art. Civitas, in: *Der kleine Pauly*, Sp. 1198 f.
[4] VOLKMANN, Hans, Art. Mithridates, in: *Der kleine Pauly*, Sp. 1354 ff.

5. Sullas Marsch auf Rom

5.1. Die vorausgehende innenpolitische Situation

Anfangs bekam Sulla den Oberbefehl für den anstehenden Kampf gegen Mithridates. Aber chaotische innenpolitische Verwicklungen lähmten Rom und führten den Gegenschlag zu Beginn ad absurdum. Im Senat und in der Volksversammlung war ein heftiger Streit über die Modalitäten der Einschreibung der „Neubürger", also der Bundesgenossen, in die *tribus* entbrannt. Die Popularen stellten sich gegen das von den Optimaten entworfene Konzept, das vorsah, die *Neubürger* nur in sehr wenigen *tribus* (= Verwaltungseinheiten) einzuschreiben, um vom Gesamtbild her immer noch eine Mehrheit haben zu können. Als die Optimaten den „Geschäftsstillstand" erklärten, kam es zu Kämpfen auf dem Forum, und der popular gesinnte Volkstribun *Sulpicius Rufus* erinnerte sich an die Methoden des *Tiberius Gracchus*: Direkt über die Volksversammlung ließ er die Gesetze zur Aufnahme der Neubürger und die förmliche Übergabe des Oberkommandos von Sulla an den ebenfalls popular gesinnten Marius durchsetzen.

5.2. Sullas Entscheidungen

Die Nachricht der Kommandoübergabe erreichte Sulla, als er bereits auf dem Weg zu seinem für den Kampf gegen Mithridates bereitgestellten Heer bei Nola war. Während die meisten Offiziere sich der Entscheidung des Volkstribunats beugen wollten, konnte Sulla seine Soldaten davon überzeugen, ihm zu folgen[5]. Er traf also eine Entscheidung, die für das damalige Weltbild „unglaublich" war, und marschierte mit seinem Heer gegen die eigene Hauptstadt, gegen Rom[6]. Es gab Straßenkämpfe, aber die Besetzung und der Sieg über die Popularen gelang schnell. Skrupellos ächtete Sulla seine politischen Gegner. Während Marius zu seinen Anhängern nach Afrika flüchten konnte, wurde Rufus ermordet. Sulla seinerseits, aufgrund der Bedrohung durch Mithridates in Eile, lässt den für das Jahr 87 gewählten Konsul *Lucius Cornelius Cinna* schwören, nichts gegen seine Maßnahmen zu unternehmen, und bricht mit seiner Armee nach Osten auf.

---

[5] CHRIST, Karl, *Krise und Niedergang der römischen Republik*, S. 188 ff.
[6] BLEICKEN, *Jochen, Geschichte der römischen Republik*, S. 72

5

6. Cinna und Marius

Schon bald nach Sullas Abreise wollte Cinna sich dessen Vorgaben widersetzen und die Politik des Rufus´ wieder aufnehmen. Doch dies stieß im Senat anfangs auf starken Widerstand, so dass Cinna überstürzt fliehen musste. Unterdessen landete Marius seinerseits mit einem Heer seiner Anhänger aus Afrika, in dem auch Samniten und Sklaven mitkämpften, in Italien. Cinna verbündete sich nun mit Marius, und dessen Truppen belagerten und eroberten Rom. Der Wiedereinsetzung Cinnas als Konsuls folgten lange, blutige Vergeltungsmaßnahmen, also auch Morde, an den Optimaten. Im Jahre 86 v. Chr. werden Cinna und Marius nun Konsuln; doch letzterer stirbt bereits kurze Zeit später. Cinna selbst kann seine Herrschaft die nächsten vier Jahre lang behaupten[7].

Während Sulla also im Osten für Rom kämpft, herrschen in der Heimat seine Feinde. Cinna entsandte unter dem Oberbefehl von *Lucius Valerius Flaccus*, dem Nachfolger des Marius, noch ein zweites Heer nach Kleinasien, welches einerseits gegen Mithridates´ Streitkräfte kämpfte, andererseits aber auch gegen den nun als Staatsfeind geächteten und von Cinna gefürchteten Sulla vorgehen sollte. Abgesehen von einem kleinen Scharmützel gab es allerdings faktisch keine Kontakte der beiden Armeen. Flaccus wandte sich gen Bosporus und wurde selber ermordet, während sein Heer dennoch einige Siege, z.B. bei Pergamon, für sich verzeichnen konnte.

7. Sullas Kampf gegen das „Pontische Reich"

Den hauptsächlichen Kampf gegen Mithridates, der es bei seinem Massaker 88 verpasst hatte, die Feindschaft zwischen Rom und seinen Bundesgenossen für sich auszunutzen, und dessen Armeen führte also der nun theoretisch amtlose Sulla. Er belagerte ein Jahr lang Athen, welches 86 v. Chr. kapitulieren musste; Sulla, der sich große Gedanken über die Motivation seiner Soldaten machte, auch im Hinblick auf die künftige Auseinandersetzung mit den Popularen in der Heimat, gewährte seinen Truppen alle Freiheiten zur Plünderung der griechischen Stadt[8]. Im Folgenden schlug Sulla *Archelaos*, den Kommandanten der pontischen Flotte, bei Piräus und in Böotien, und konnte bis zum Sommer des Jahres 85 ganz Griechenland

---

[7] CHRIST, Karl, *Krise und Untergang der römischen Republik*, S. 191 ff.
[8] PLUTARCH, *Sulla*, 1ff.

zurückgewinnen.; die Seehoheit erkämpfte sich Sullas Quästor *Licinius Lucullus*, der später, nach Sullas Sieg und der Umstrukturierung der Provinzen, sein Statthalter in diesem Gebiet werden sollte. Nach Vermittlungen des Archelaos schließen Sulla und Mithridates schließlich den *Frieden von Dardanos*, der für den pontischen Herrscher vorteilhaft war, da er geschlagen war und so ein weiteres Vordringen der römischen Truppen und die Zerschlagung seines Reichs zunächst abwenden konnte An Reparationen musste Mithridates 2000- 3000 Talente zahlen und 70 Schiffe ausliefern, wurde dafür aber von Sulla als pontischer Herrscher anerkannt[9]. Die mit ihm ehemals verbündeten und nun geschlagenen kleinasiatischen Staaten und z. B. Athen mussten ihrerseits eigene Reparationen zahlen. Sulla war bereit zu diesem schnellen Frieden, da er seine Blicke und seine Gedanken mehr und mehr auf die Situation in der Heimat richtete, wo er die „populare Schreckensherrschaft" zu beenden gedachte.

8. **Sullas Weg zur Macht**

8.1. Invasion

Sulla wandte sich also schließlich Rom zu und landete im Frühjahr des Jahres 83 v. Chr. mit 40000 Soldaten in Italien[10]. Bereits 84 wollte Cinna ihm mit einem Heer entgegenziehen, war aber von meuternden Truppen ermordet worden. Zu Sulla stießen viele der zuvor verstoßenen und in den vergangenen vier Jahren verfolgten *Nobiles*, und auch eine junger, noch rangloser Anführer einer Privatarmee namens *Pompeius*; dieser eroberte für Sulla Sizilien und Afrika.

8.2. Endspiel

Sulla selbst trat in Italien *Gaius Marius*, dem Sohn seines einstigen Feindes, und dessen, u.a. auch aus immer noch revoltierenden Samnitenstämmen bestehender, Armee entgegen, und siegte. Nach eineinhalb Jahren Krieg auf italienischem Boden

---

[9] vgl. CHRIST, Karl, *Krise und Untergang der römischen Republik*, für eine weitaus detailliertere Schilderung der Kriegsgeschehnisse
[10] vgl. CHRIST, Karl, *Krise und Untergang der römischen Republik*, für eine ausführlichere Schilderung der Bürgerkriegsgeschehnisse

gewann Sullas Armee am 1. November 82 v. Chr. die Entscheidungsschlacht am *Collinischen Tor*. Es war wohl ein knapper, aber ein bedeutender Sieg. Ihm folgten die Hinrichtung aller überlebender Samniten und die Ächtung und Ermordung der verbliebenen, wenn nicht ins Exil geflüchteten, Cinnaner. Noch blutigere und fast schon absurde Auswirkungen hatte die Einführung der *Proskriptionen*, öffentlich bekannt gemachter und ausgehangener Ächtungslisten, denen über 4000 römische Bürger zum Opfer vielen[11]; die Vergeltung an den Popularen für Cinnas Verfolgung der Nobiles nach 86 war nur ein Teil davon.

9. **Diktator Sulla**

9.1. Das Amt

Im Zuge der Entwicklungen strebte Sulla eine Neuordnung des Staates an und erinnerte sich an das antiquierte und eigentlich als Notstandsmaßnahme konzipierte Amt des *dictators*, das er sich vom nun noch mehr als zuvor aristokratisch geprägten Senat auf unbefristete Zeit übertragen ließ. Von hier an begann er mit einer „Restauration" bzw. „Neubegründung" des römischen Staatswesens getreu seinem offiziellen Titel: *dictator legibus scribundis et republicae constituendae*, „Diktator für die Abfassung von Gesetzen und die Neuordnung des Staates"[12].

9.2. Die „Restauration" – Sullas Reformen

Sullas weitgreifende und die alte Verfassung teils komplett außer Acht lassende Reformen wurden von ihm selbst durchgesetzt, förmlich aber auch von 81 bis 80 v. Chr. als Komitialgesetze verabschiedet.

9.2.1. Die Entmachtung des Volkstribunats

Alle Gesetzesanträge des Tribunats mussten nun definitiv vom Senat genehmigt werden, das bisherige Vetorecht der Tribunen wurde stark eingeschränkt. Ferner

---

[11] WINKLER, Gerhard, Art. Sulla, in: *Der kleine Pauly*, Sp. 420
[12] BLEICKEN, Jochen, *Geschichte der römischen Republik*, S. 73 ff.

wurden ehemalige Tribunen von einer weiteren Magistraturlaufbahn gänzlich ausgeschlossen, wodurch das Amt wesentlich an Attraktivität verlor.

9.2.2. Zutritt ab 30

Sulla verschärfte das Eintrittsalter für sämtliche Ämter erneut, so dass man frühestens mit 30 Quästor, mit 42 Konsul werden konnte; außerdem mussten mindestens 10 Jahre bis zur Kandidatur für eine weitere Magistratur vergangen sein.

9.2.3. Wachstum

Im Zuge des allgemeinen Anwachsens von Staat und Verwaltung erließ Sulla weitere Maßnahmen. Die Anzahl der Quästoren und Prätoren und auch der religiösen Kollegien wurden stark erhöht, die Zahl der Senatoren von 300 auf 600 verdoppelt. Das Gerichtswesen wurde reformiert durch die Einsetzung von sieben Geschworenengerichtshöfen, deren Vorsitz Prätoren hatten; die Geschworenen waren ausschließlich Senatoren.

9.2.4. Angst vor den Provinzen

Auch die Provinzialverwaltung wurde neu geordnet. Verwalter einer Provinz als Prokonsuln bzw. Proprätoren wurden nur noch Konsuln und Prätoren nach ihrer Amtszeit. Diese durften ohne Senatszustimmung weder ihre Provinz verlassen, noch durften sie selbständig Krieg führen. Diese Entmachtung der Statthalter war gegen die Möglichkeit gerichtet, dass sie zu eigenständig handeln, zu mächtig werden und daher eine Gefahr für Rom darstellen könnten. Eine Ironie ist natürlich, dass gerade Sulla ja selbst durch eine derartige Konstellation an die Macht gelangt war.

9.3. Reformwille und Wahrheit

Diese Reformen dienten zwar der (kurzzeitigen) Stabilisierung des Staatswesens Roms, waren aber größtenteils auf die Etablierung Sullas eigener Herrschaft ausgerichtet und vervollständigten seine absolute Macht, die er ohnehin bereits innehatte. In Sachen Umsetzung muß gesagt werden, dass bereits die anfangs von Sulla geförderte Karriere des jungen Pompeius in den Formalitäten bereits den Reformen widersprach[13].

9.4. Requiem

Auf dem Höhepunkt seiner Macht legte Sulla im Jahre 79 v. Chr. das Amt des Diktators ganz plötzlich und überraschend förmlich nieder. Voran gingen Gerüchte, der Senat sei seiner nun doch überdrüssig und wolle mit Pompeius´ Unterstützung gegen ihn intrigieren; doch so bot Sulla keinen Angriffspunkt mehr für eine weitere innenpolitische Auseinandersetzung.

78 v. Chr. starb Sulla zurückgezogen auf seinem Landsitz bei Puteoli in Kampanien, nachdem er sich seinen literarischen und kulturellen Neigungen gewidmet und nicht mehr in die römische Politik eingegriffen hatte. Er wurde bei einem Staatsbegräbnis auf dem Marsfeld verbrannt.

---

[13] zum Scheitern von Sullas Restauration: CHRIST, Karl, *Krise und Untergang der römischen Republik*

10. Fazit

Lucius Cornelius Sulla war in Literatur und Wissenschaft hochgebildet, kulturell interessiert und liebte ein leidenschaftliches, genussvolles Leben. Er war auch Staatsmann und exzellenter militärischer Führer, charismatisch und bei den Soldaten beliebt. Aufgrund seiner zahlreichen Siege gab er sich selbst den Beinamen „Felix", „der Glückliche", und sah sich als Favorit der Siegesgöttin.

Er war aber auch kaltblütig und skrupellos, wenn es um die Durchsetzung seiner Vorhaben und Interessen ging, und rachsüchtig, wenn es um die Verfolgung seiner Gegner ging. Er wollte das zerrüttete Rom stabilisieren und war sich wohl auch der Verfassung als komplexes System bewusst[14]. Und dennoch schwächte er Rom, erst durch den innenpolitischen Einsatz der Armee, dann durch die Schwächung sowohl des Tribunats als auch des Senats. Sein System konzentrierte sich auf seine Person, auf den „starken Mann", auf den absoluten Diktator. Und so konnte der Niedergang der römischen Republik nicht aufgehalten, eher gefördert werden. Sulla war der erste, der faktisch wie ein Kaiser regierte, und ebnete damit bereits den Weg der künftigen Herrschaft der starken Heerführer.

---

[14] vgl. CHRIST, *Karl, Krise und Untergang der römischen Republik*, S. 226 ff.

Literaturverzeichnis

Quellen:

PLUTARCH, *Sulla*, in: Plutarch, *Große Griechen und Römer*, Hrsg. v. Konrat Ziegler,
 Zürich 1955

Literatur:

BEHR, Holger, *Die Selbstdarstellung Sullas. Ein aristokratischer Politiker zwischen persönlichem Führungsanspruch und Standessolidarität*, Frankfurt am Main 1993

BLEICKEN, Jochen, *Geschichte der römischen Republik*, 4. Auflage, München 1992

CHRIST, Karl, *Krise und Untergang der römischen Republik*, 4. Auflage, Darmstadt 2000

MEDICUS, Dieter, Art. Civitas, in: *Der kleine Pauly*, Band 1 (1979), Sp. 1198 – 1199

VOLKMANN, Hans, Art. Mithridates, in: *Der kleine Pauly*, Band 3 (1979), Sp. 1354 – 1359

WALDSTEIN, Wolfgang, Art. Dictator, in: *Der kleine Pauly*, Band 2, (1979), Sp. 2 – 3

WINKLER, Gerhard, Art. Sulla, in: *Der kleine Pauly*, Band 5 (1979), Sp. 416 – 420